Piedra

ENA COLUMBIÉ
Piedra

bokeh ✳

© Ena Columbié, 2019

© Fotografía de cubierta: Lapitu Columbié, 2019

© Bokeh, 2019

Leiden, NEDERLAND
www.bokehpress.com

ISBN 978-94-93156-01-2

Yo

A mi madre, que la mató la presión de la piedra sobre su espalda

Visita Interiora Terrae Rectificando Invenies Occultum Lapidem
(Visita el interior de la tierra y buscando encontrarás la piedra oculta)

Lema alquimista latino

Yo

Polvo

El polvo sabe a piedra sobre el agua
sobre el lugar donde sorprende el pasmo
en la tierra   en la cima contra el viento
en la orilla fría más allá de la orfandad.
Condenados al polvo los peces
el aullido del viejo lobo en *solitar*
el barrio bajo del pueblo
donde el soplo hace bailar las cenizas.
El polvo sabe a plomo sobre tinta y sangre
sobre las canciones tristes que penden
de la hierba   en cada letra escrita
en la bruma sobre el papel
en las olas latiendo del verso
más allá de las palabras
y el disparo en la sien.
Condenada al polvo la piedra.

Sólida

No soy sólida es un cuento
soy un hueco   un vacío
un profundo sonido ácido.
Me siento al borde   justo al borde
necesito dormir diez años
veinte y despertar joven
delgada y bella como un sol.
Estoy exhausta.
Fluye el líquido y yo detenida ahí
esperando la tormenta.
Me desespero frente al espejo
no veo mi rostro y me busco.
¿Qué será de este cuerpo
que habito y no es mío?
¿Por dónde andaré ahora
que la vida cae?
Siempre que me aburro escudriño
la razón que me lanza hacia la abulia.
El aburrimiento es un pecado capital
¡Maldición! lo siento   no quiero ofender
hablo de mí y mis bostezos
ustedes tienen el libre *alburrimiento*.
Estoy esposada al escritorio
soy una mesa una maraña de libros
me abismo en el mareo
soy irascible   iracunda   irónica
 irritable   *iriente*.

Me río de las delicadezas
de lo perfecto y lo estúpido
me vengo construyendo la perla
en ese laberinto que es mi casa
mi cueva   mi concha   el socavón
la gruta donde me escondo.
Sólo los escogidos cruzan el umbral
se uncen con el olor y los licores
pero no saben del pesar y la vergüenza
ni siquiera conocen mi corrosión
ven imágenes simplemente colgadas
semblantes inertes   anhelantes
impasibles   excitados
y no entienden que cada uno es mi rostro
ellos son el espejo   la inspiración   el peligro
el espacio en que me zambullo
para restituirme y renacer brutal
ruda   bestial   sólida.

Oficio de vagar

Mi oficio es vagar con la mano y con la mente
robando el aliento a cada alma
cada bestia herida en busca de resuello.
Sólo necesito tiempo para saquear su hálito
toda palabra dicha es un eco
en mis neuronas expertas en monosílabos.
No hay veta natural
que impida tragarme las historias
desnudar la vida desde un lente voyerista.
Tengo oxidadas las rodillas esperando
un ser que pueda revertir el tiempo
transformar la perla en el molusco.
Prefiero el lamelibranquio marino
a todo el *glamour*
de una bolita dura y brillante
demasiado esmero para mi gusto ramplón.
Por eso escojo devorar la ostra
que resbale su babaza por mi garganta
y luego transformarme en ella.
Busco historias en la basura
en lugares donde se esconde la cicatriz
en la vestimenta y los montes
en *la insoportable levedad del ser*
en la montaña donde me enamoro
y enrojezco por la traición.
Vago entre rostros curtidos
y arañados por el hambre

escrutando la condición
que puede provocar el flashazo
la estrofa   la imagen
la línea que cuente.
Todo es un *deja vu*.
Conozco los lugares
donde se pone el sol y donde se levanta
las auroras en que se escriben los poemas
los amaneceres de lluvia y de castigo.
Conozco la luz irreverente que se resiste
los círculos en mi corazón
los círculos que concentran el deseo
los círculos que describe el águila
el margen del camino.
Conozco el río que se revuelca
buscando el tálamo
el que corre por la vereda y se hace fino
hasta encontrar más pronto su cañada.
Conozco el curso de las aguas.
Por tanto husmear conozco el pan   el vino
el beso que se esgrime
para sentir la conmoción frente al fuego.
También conozco el verso
que resplandece franco
el arco   la rueda   el disparo
la puerta de la cueva donde sale el grito.

Encuentro un ser andrógino
de excepcional mirada.
Me siento frente a él
y entre nosotros danzan las llamas
su rostro refleja el tiempo

todo el tiempo conocido.
Desliza su mano hacia mí
lleva un caracol tatuado.

Imagen

Trabajo con las palabras
y su rechinamiento
con la lengua que mata y embellece
con la idea que explota
provocando la humareda
la cicatriz   la corteza
que queda en la herida.
Trabajo con las formas y el color
con los matices
que resultan verdaderos estímulos.
Somos criaturas débiles a expensas de Dios.
Trabajo con la luz y busco la imagen
en un milisegundo
aquella que no se repetirá nunca
y me sumerjo en azogue.
Soy el espejo que recibe el rostro.
¡Flash!
Un indio de silencio le teme a la luz
piensa que le robaré el aliento
y se cubre la cara con su poncho
hecho por manos viejas.
¡Flash!
Una muchacha sale gritando
que no se quiere perpetuar
que menoscabo sus más privados sueños
y se tapa el rostro con la falda
dejando ver el pubis.

¡Flash!
Un joven viene sudando desde el patio
se mira los pectorales y simula una sonrisa
se masturba y acaricia el rostro en el mercurio.
¡Flash!
Los muchachos escriben mensajes
con lápices labiales   se miran
se comparan   se enojan   disimulan
y yo ahí vagabundeando a costa de ellos.
¡Flash!
Un ser teje en una esquina
sus manos trenzan una bandera de negros
para mí   emblema y mortaja.
Sólo la pluma y el hilo crean caminos
que luego cubren las palabras
hacia el corazón de la mujer
a la muesca oculta.
La madeja rectifica el lenguaje
no disparo el flash   prefiero disfrutarlo.
Los caminos hacia la imagen
no siempre son los mismos.

La orilla del misterio

¡Tiremos nuestra inútil estilística! ¡Tiremos toda
la pedantería filológica! ¡No nos sirve para nada!
Estamos exactamente en la orilla del misterio.

Dámaso Alonso

Una mirada agónica que busca indulgencia
es un atisbo que olvidó la palabra.
¿Qué sombra se escabulle tras la vestidura?
¿Qué muerte sigue una voz hasta su infierno?
¿Quién deberá decir las verdades?
que hay pantanos bajo mis pies y por eso oscilo
que el zigzagueo no permite la respuesta
donde siempre estarán las miradas.
Soy una angustia bestial   un monstruo
una alimaña abatida en su propia carne.
No basta una señal para el perdón
para justificar el abandono   la soledad agónica
el nacimiento de fuego al que fui lanzada.
Ninguna sangre pagará por ese horror.
No basta la lucidez chorreando entre mis manos
ni la palabra tenaz esgrimiendo fábulas.
Soy un leño despeñado en medio en las brasas.
No creo en los ojos que se fugan
no creo en las falsas nostalgias que atesoran
los signos de una casa que me habitó
y encajó su sombra a mis huesos
no puedo lidiar con el calor de los gatos
ni con las vacas que pastan placidas.

Tampoco creo en la voz
que quiere horadar mis oídos
ya una vez quise abrirme por instinto
pero me descifraron mansamente
innumerables veces
mientras permanecía en el éxtasis
de un sueño pasmoso.
De nada sirvió ponerme en guardia
desperté y quise interpretar las sombras
pero ya era tarde   calaron mi confianza
para sembrar la desconfianza
esa sensación de sobresalto
que es la base   la matriz
que germinó mi universo rojinegro.
Sólo el abismo nos lleva
a los Círculos Mandalas.
Recogí todos mis fragmentos
y di golpes a mi cuerpo
uno y otro y otros más rehaciéndome
para lograr este muñeco serpenteante
que ven y que ya no siente ni el dolor.
¿Quién controla las cadenas
ahora que el antojo nos hace creer
en cuentos de Callejas?

Alguien me dice ¡*quieta!*
eres la esencia de tus versos
yo me río por la pedantería
y lanzo una mirada de filo.
Estamos exactamente
en la orilla del misterio.

Miedo

He descubierto el miedo
escondido en códices de antaño
en el rostro curtido y cincelado por cuchillo
en el demonio que obedece al gesto
en una voz pidiendo la sangre del otro
en las uñas con restos de piedras costeras.
En estos tiempos y agazapado en la abulia
descubro el miedo oculto en la virginidad
en el pozo que creó Dios para bebernos.
Lo descubro en la falsa virtud
que lleva del paroxismo al sosiego
esponjándose en lo turbio.
Miedo a la palabra como sustancia
que mueve los cuerpos sin tocarlos.
Para controlar el miedo se impone
una ceremonia cataléptica
un ritual con restos de difuntos
un conjuro revelador
en una montaña
donde fluya el agua clara
donde sumergidos podamos
mirarnos a los ojos.

Raigón

Soy una raíz en los confines de la soledad
no puedo encontrar la tierra
y floto en el aire y en las aguas
tanteo las honduras para probar el fondo
y saber dónde situar el descanso
por si alguna vez consigo la rutina de manar.
La energía no siempre me acompaña
la he buscado a hurtadillas   silenciosamente
y siento como huye desaforada.
No hay energía cuando el hueco no tiene fin
cuando está seca el agua de la vida.

Soy un manojo de tentáculos
que quiere asirse a una señal contundente
aunque todos los animales estén ciegos
por alguna maldición puntiaguda y feroz
como los labios de mi madre.

Soy una raíz viajera que intenta el equilibro
en los charcos y arroyuelos empedrados
donde pernoctan los hombres
tras el aliento de otros hombres
diferentes   confusos   inferiores.
Llegan con sus botas llenas de lodo
y las limpian contra la raíz
es decir contra mí   ese es el precio
para luego ver surgir sus lágrimas

las confesiones a mansalva y el beso.
Los montañeses unen sus labios y el cansancio
se tumban en la raíz y dejan fluir la energía
y ahí estoy yo vampirizando
filtrando cada gemido para confortarme.

Soy una raíz parásita
lamo las cenizas y la traición
y las escupo en palabras
que presagian el fin.
No hay vigor en mí ni fondo
y todo lo que trago lo vuelco entero.
Emerjo en secreto de la usura
sustrayendo los venenos
luego miro sus ojos y veo luz
fuerza renovadora que les hará
prometerse una vez más el encuentro.
Voy cavando huecos
que convierten mi cuerpo en desagüe.
Las almas desgarran sus fondos
y vuelven a la vida.

Soy una raíz firme en la oquedad
explorando los atributos del corazón
el hormigueo que provoca la locura
la desnudez demoledora de unas manos
asidas a mis extremidades descalzas.

Soy una raíz secreta
y asqueada por el sometimiento
el engaño que nos atrapa a todos.
Mis tuétanos se entrelazan

para hilar las historias con el pulso letal
de este raigón profundo y calmoso
perpetuado en el cautiverio.

Milagro

Un milagro precisa sentidos ardientes
poderes especiales   fama   virtud.
Necesito un milagro a domicilio
que aparezca y regente mi cabeza
que me lleve de la salvación al nirvana.
Necesito un taumaturgo tibetano
un Lama de los tulkus   un redentor
que enderece mi pesimismo crónico.
Soy una infeliz pieza de juego
interesada en la desdicha y la muerte
vulnerable y dolida en la desgana.
Vengo con un oráculo que predice
el porqué de mis debilidades elativas
Soy un gallo   un Ji de otoño
que rechaza el corral para anclar sus patas.
Soy una cabra que olfatea el monte.
Soy un abedul y necesito
un milagro escandaloso y cursi
que me inserte en una Biblia de Maguncia
que me integre al ruido de un gompa.
Necesito la piedra   el caracol   la bala
un milagro que me sostenga.

Réquiem

A Pititi

Me mata el sensualismo y las mentes pulcras
el suburbio miserable donde nace la flor primigenia
los abismos que desciendo en busca del pantano
y las cumbres con ascensos obligados de reptiles.
Me matan los aplausos
prefiero esas manos acariciando mi piel
el placer del abrazo intenso
y los rincones donde suele aparecer un beso.
Los hombres han separado el cielo de mi lecho
intentando doblegarme el entusiasmo
entonces mi conciencia se ha reconocido sabia
libre de nudos y promesas
únicamente atada a la soledad
a los cantos glebales
y a mi pensamiento bárbaro.
Nadie sospecha que soy brutal
violenta mientras más profunda
que necesito reafirmar mi fuerza
para no sentirme perdida.
A veces amparo mi cólera en la almohada
refugio antiguo para controlar los miedos.
Me matan los recuerdos   las síntesis
todos los conflictos   puedo probarlo.
Salgo de los atardeceres redimida
y la vida me impone sus designios
pero no los acato.   Termina la redención.

Soy una montaña que aparece en el horizonte
y dice aquí estoy yo   y con eso basta.
Me precipito ante el abrazo de la tarde
un abrazo es siempre la respuesta y pienso
Dios quiero el goce de todos los abrazos.
No hablo nunca prefiero no hacerlo
me matan las palabras y tanta impronta
y muero en silencio desde la ventana de los gatos.
Muchas son las voces que cantan
voces mendaces   engañosas
fecundas   rítmicas   vibrantes
voces que se arrojan a la sabiduría
bajando los parpados.
Detengo el whiskey
a centímetros de mi boca
miro el borde cristalino pero nada veo
sólo mi pensamiento.
Ya no creo en la cercanía de un espíritu gemelo
capaz de penetrarme.   Bebo.
Me mata la multitud la aborrezco
las miradas que buscan la mía suplicantes.
Me enferman.   Soy soberbia lo sé
detesto las miradas que no busco
los ojos que no son limpios
y quieren comprarme.
No soy sana soy unaególatra
oculta en una ostra
no soy como ellos creen.   ¡Si supieran!
que me escabullo de la tristeza
provocativamente
que el alcohol recoge mi dolor
que me drogo y fumo

en medio de la fatalidad irascible
probando todos los pecados.
Odio el banal interés por los ascensos
por lograr un alma armónica
que se regale el éxtasis.
Yo necesito la congoja
el desconsuelo que padeció Dios
al ver lo que era el hombre.
Mi mano dejará la simiente
y se desvanecerá.   Desapareceré.
Me río por los que me desdeñan.
Me matan
de ellos será el reino de los cielos
el paso firme y la ostentación
el poder y la riqueza por siempre.
Aullarán los perros cuando mi mente estalle
porque mía será la gloria.
Por fin tengo un alma sólo mía
alma propia y un festín de vicios sin testigos
por fin puedo gritar mis pasiones
disfrutar mi espectáculo nauseabundo
puedo gozar el tormento de mi vida
gastada y seca en *solitar*.
Soy al fin dueña absoluta de mí misma
me despojé de cuanta alma quedó
ligada al alma mía.
No más claudicaciones ni perdones
tal vez este desierto sin luz
me lleve a ver la cara de Cristo
o del maldito diablo que también me ronda.
Ya no volveré a lamer la virtud
estaré desnuda ante el cadalso sin pena

con mis carnes maltratadas por el tiempo
y mis viejos huesos al descubierto.
No apretaré los puños
lo haré con el gatillo
y esperaré pacientemente
los violentos estertores de la muerte.
Voy a reír cuando el dolor me inunde.
Mi vida y su victoria serán devoradas
en el momento exacto del último estertor
en ese instante me iré sin remordimientos.
Estoy exhausta y agonizante
buscando la inmortalidad.
Ya quiero librarme de esta alma mía
que gime y que se arrastra
esta lánguida alma que debe morir
de una muerte sucumbida y absoluta.

Ellos

Poema para Annabel Lee

A Ele

Annabel Lee tenía los ojos añorantes. Si los mirabas fijamente te gastabas en ellos y estremecías en su profundidad. Ella soñaba que era una princesa y se cubría del sol para preservar la blancura de su piel abrillantada. Envolvía el cabello entre los dedos convirtiéndolos en volutas, mientras pensaba en las palabras que le brindarían la cercanía al hombre, las palabras que la harían conquistar voluntades. Escribió: *Mi cuerpo ya/ se había donado a sí mismo y seguía quemándose,* y reía por la antítesis del calor en *El Nevado de Toluca*. Amó la primavera y cambió su nacimiento al equinoccio prometiéndose siempre serse fiel. Decía que el lastre humano es la esclavitud y se perdía en los recuerdos de su ciudad y de Katya Koren, la joven musulmana que lapidaron por bella, *Ciudad, ciudad/ no mates mi manía de ser bella/ de pasearme desnuda y cepillarme el pelo.* Annabel Lee sonríe y pide que la lleve al mar. 'Iremos al mar princesa, te cubriré con un mantón y leeré los poemas de la Akhmatova hasta que duermas' le dije ya al final y no hubo tiempo. Ella miró la luna ascendente tras la ventana y no habló más, sus ojos de aguada cristalina mostraron conformidad y se cerraron para siempre. Esa noche Annabel Lee estaba en *Solitar,* leí mis poemas hasta sentirla radiante, dueña de todas las cabezas. Roja y pálida me prometió la alianza, *dame amor, lo que tu boca quiera.*

Conversación

A J. C. Valls

JK se agita sin control parado ahí
mueve nervioso la linterna.
Lo miro desde el carro
con la ventanilla baja
alumbra el libro y lee
hice maromas prohibidas mamá
sólo yo sé qué terribles
aplausos me esperan.
Quedo en vilo contraída   agazapada
esperando el derrumbe
mi propio derrumbe.
Sólo un verso basta para desarmarme.
JK estruja el país con sus manos rabioso
sabe que hay otros mundos posibles
 otros vinos   otros atardeceres
donde puede aliviar el dolor
el asma y ese verso que se le atora.
Se llamaba Francisco
dice socarronamente
aludiendo la cruz y ve en mis ojos su dolor
el puente que se abre hacia la soledad
hacia mí que soy su eco
su Dulce momentánea
Olavo y Ramón al mismo tiempo.
Yo me inventaba nombres
y mujeres eternas

Y yo quietica allí   disimulada
ventanilla baja
pensando en la coincidencia
de los inventos
y en que los maestros
no enseñan gran cosa.
JK quiere irse de regreso
para echar un vistazo
cruzar las distancias
a sabiendas que las costas sangran.
No le teme a nada
porque ya no tiene tierra definida
ni barrio   ni ciudad   ni casa
nada le pertenece
salvo las piedras de su boca
y la certeza de que los girasoles
conversan con la gloria.

Ana Frank responde

A Reinaldo García Ramos

Estoy aquí en vilo
en un agujero de tu mente
del que vuelves a traerme a tierra firme.
No quiero ser el mito que se repite.
Ya no me escondo a escribir diarios
para mitigar los ruidos y la soledad
esas fueron palabras jóvenes
venidas de la introversión y la molestia
ha pasado mucho tiempo.
En realidad mis cenizas se confunden
con la cal esparcida en Bergen-Belsen
con el aire de esta tierra
llena de perseguidos sin rostro
—como bien dices Reinaldo—
pero nada va a borrar aquellos recuerdos
ni a *Kitty*   ni a *Moortje*   ni la *Casa de atrás*
donde hacinados creamos un mundo real
con voces y explosivos incluidos.
Soy inmortal en tu recuerdo y con eso basta
duermo y despierto en tu memoria
con la vitalidad de mis trece años
a veces como ahora me pierdo
y tratas de encontrarme a pesar de
la bruma azulosa, las llamas y *el humo*
La muerte nos invita   nos mata   nos revive
y sin compasión nos transforma en asombro.

Una ventana da paso a la noche
en que me aguardas.

Lo viví

Que no me digan   que no me cuenten
Yo comí de la mano de un *homless* griego
que se enamoró de South Beach y su Coca.
Argus era un dios mitológico
con cabellos y ojos profundos y vastos
pero de tantos pinchazos
se le cayeron los dientes.
Lo mataron frente a la casa de Josecuba
en la Avenida Jefferson   yo lo vi
con los sesos en la acera
y las cuencas de los ojos vacías.
A mí que no me cuenten.
He dormido en los portales fríos
de casas abandonadas
por dueños y bancos.
Me tapaba con periódicos leídos
en busca del fondo para un poema
y conciliaba el sueño escuchando
melodías que se escapaban.
Rogué amparo a Dios
para consumar la purga
y cuando llegaba el día
iba por pan a la basura.
Que no me digan.
Caminé con gente equivocada
para huir de los problemas   mentí
mentí y he seguido mintiendo

y miento ahora que omito
por resentimiento y vergüenza
por temor a responsabilizar a la vida
de todos mis horrores.
Yo lo viví primero en aquella isla
que se autodestruye como yo.
Allí aprendí que la esperanza es mierda
y que nada está al alcance de la mano.
Allí robé   robamos todos
ellos nos robaron
nosotros les robamos
y los que vengan robarán.
Es el karma.
Allí conocí las celdas   los escondites
la palabra baja y murmurante
el miedo que enfría y duele
la casa astillada y una lata como vaso
el hambre   la traición   la descalcés
la calle ardiente y el pie pegado al asfalto
en medio de un calor irascible.
También conocí a Nina
a los Beatles y a la Joplin
Yo lo viví y ellos me calmaban.
Ahora vago sin detenerme
persigo la noche para conseguir
recuerdos que comienzan a esconderse.
Monto en lanchas y me alejo de la bahía
para ver las luces desde lejos
para saber dónde pongo los pies.
Cuando el viento es blando
me desnudo y me muevo suave
a ritmo de velero

con melodías que me invento
frente a las luces de la ciudad.
Eso es bueno
aunque no logre evitar tanta tristeza.

Ella

In articulo mortis

No bajarás al sepulcro con la cabeza gacha
no permitiré que los insectos y las ratas
desguacen tus hebras humanas.
No te mirarán expuesta en la vidriera
eres íntima oración. Sólo yo estaré allí
mojando las paredes con mi llanto crudo
que golpeará enceguecido el pavimento.
Peino tu cabello y beso tus ojos y tus labios.
Prometo el reencuentro y todo aquello
que se jura ineludiblemente.
Tengo las últimas fotos de tus manos.
No alimentes el miedo
ni su frío engañoso al entrar a las sombras
no tendrás manera de desmentirlo
salvo pensando en la luz
en la enceguecedora luz ascendiendo.
Entonces las llamas te aclararán el camino
hacia la despreocupación   y si me buscas
allí estaré aunque no puedas verme
siempre tomándote el aliento
esperando serte visible   sempiterna.
Nada podrá contener el sentimiento
al fin y al cabo yo también caminaré
por la Garganta de Tinieblas
mientras se desorbite mi soledad.

II.

Si me dejas flaquear
permitirás que se abra mi pecho al desespero
y la soledad robustecida desgarrará mi carne.
Guíame amor por los túneles del vacíos
por los filtros ponzoñosos de la muerte
para poder entender el clamor.
Muéstrame la claridad para entrar en ti
como lava   como cántico de aldea en primavera.
¡Háblame! quiero saber
por qué te fuiste tras una esperanza
tras un alivio sin fondo ni certeza.
    ¿Por qué si yo te daba el agua?
En la mansa ingenuidad de las olas
quiero hundirme y arrastrarme contigo
hasta quedar exhaustas
pero ya eres ceniza y piedra.
Regrésame a la orilla ahora
no me dejes flaquear
que los pórticos se colmen
de música diáfana
para que no parezca acogedora
la gruta hacia la sal.

III.

Apareciste al implorarte que vinieras
y me hiciste nuevamente dueña de tus manos
del camino a la emoción y al titubeo.
Vi tu sombra taciturna golpeando la pared
a ras de mi cuerpo queriendo cortar el tiempo
y el ocio en estas manos mías.
Mis ojos silenciosos se robaron la noche
para no asustarte   para que no te fueras.
Pero te deje partir al desarraigo
sin encontrar un asidero donde refugiarme
donde encajar ese manojo inútil
de sorpresa   tristeza y asombro
donde colgar las fechas y los recuerdos.
Espero que tu sombra me cobije.

IV.

Vengo de buscar respuestas
en la casa de los muertos
y no sentí temblor
ni torpeza   ni pálpitos.
Aprecié el frío en mi carne hastiada
un frío indiferente
que envilecido abrió la verdad.
Nada hay después de la luz
sólo un rumor puntiagudo
una letanía de cuarzo y piedra
que sostiene una cruz ungida.
Vámonos mejor al mar
y te convertiré en espuma
los peces nos esperan alineados
cada uno recibirá la bendición
de tu cuerpo y crecerá.
Serás promesa de ambrosía
que brindarán las olas
y vendré a derramarme
en tu abrazo en cada playa.
En cada arenal que toque mis pies
vendrán también las caricias
una muerte no puede arrebatarme
el prodigio de tus manos.
Todo amanecer o despedida
mostrará tu aliento ascendiendo
a convertirte en elogio de mi vida.

Entonces vayámonos al mar
déjame hundirme en ti
y desvanecerme como antes.
Empalmémonos
ceniza y cal en un abrazo
sólo así podré trocar mis soledades.

Caldo de piedra

La piedra bulle en el agua
y los ancianos cantan sus antífonas
alrededor del fuego
beben el portentoso elixir
que les convierte en sabios
y los lleva del éxtasis al enigma
y la solución
pero cuando el río es mujer
se detienen las corrientes
el murmullo atrae a la bestia
convencida de entrar
de hundirse en ese tramo
de incitación y muerte.
El río corta   tiene puntas
no hay agua ni piedra sin punta.
Suena la campana de mi madre
la llamada de la selva
el río mujer que decide ahogarme
en un bautizo ancestral.
—*Bebe el caldo de la piedra*
y aprenderás de los misterios
dice y hunde mi cabeza
me quiebro en la profundidad
y nado hasta su corazón
allí comienzo a mamar
y caigo al paroxismo
veo un rostro familiar

que lleva un cordel atado al cuello.
Veo la vergüenza tocando el 713
y al abrirse la puerta
veo dentro un río triste
un río mujer que añora las corrientes
donde confluirán sus cenizas.
Salgo del trance
no trago más   no puedo
se detuvo el corazón
por tanto devorarlo
y ya no hay latidos para bombear
el caldo de la piedra.

Pegar la hebra

La borrasca se convierte en chaparrón
en siseo de lluvia y la tierra se eleva.
Aquí huele a miel seca y lumbre
casi no veo nada pero se percibe el monte
donde se enredan la pedantería y las colinas.
Se está bien aquí entre montañas
se parece a Comala.
Comala sin Abundio ni Doña Dolorita
sin Pedro.
Pensé que era una forma de encontrarte
venir aquí imponiéndome la muerte
pero la tristeza no se lleva bien con la tristeza.
Te traje conmigo en una foto
quería escucharte y ver tu rostro.
Ya grité tu nombre sin respuesta
canté canciones depresivas
para ponerme a tono
pero aumenta mi inquina por tu ausencia.
Sigo eludiendo otros contactos fuera de ti
ya es muy tarde para nuevos comienzos
y cuando se hace tarde   tarde es tarde.
Al final fuimos honestas
como cuando te solté el *te quiero*
repetidas veces
tantas que te volviste incrédula.
Es que los poetas no somos honestos
ni fieles   somos ladrones

que rumiamos historias.
Así es la vida   pero me hubiera gustado
que cerraras los ojos y creyeras.

Catálogo Bokeh

Abreu, Juan (2017): *El pájaro.* Leiden: Bokeh.

Aguilera, Carlos A. (2016): *Asia Menor.* Leiden: Bokeh.

— (2017): *Teoría del alma china.* Leiden: Bokeh.

Aguilera, Carlos A. & Morejón Arnaiz, Idalia (eds.) (2017): *Escenas del yo flotante. Cuba: escrituras autobiográficas.* Leiden: Bokeh.

Alabau, Magali (2017): *Ir y venir. Poesía reunida 1986-2016.* Leiden: Bokeh.

Alcides, Rafael (2016): *Nadie.* Leiden: Bokeh.

Andrade, Orlando (2015): *La diáspora (2984).* Leiden: Bokeh.

Armand, Octavio (2016): *Concierto para delinquir.* Leiden: Bokeh.

— (2016): *Horizontes de juguete.* Leiden: Bokeh.

— (2016): *origami.* Leiden: Bokeh.

— (2019): *El lugar de la mancha.* Leiden: Bokeh.

— (2019): *Superficies.* Leiden: Bokeh.

Aroche, Rito Ramón (2016): *Límites de alcanía.* Leiden: Bokeh.

Blanco, María Elena (2016): *Botín. Antología personal 1986-2016.* Leiden: Bokeh.

Caballero, Atilio (2016): *Rosso lombardo.* Leiden: Bokeh.

— (2018): *Luz de gas.* Leiden: Bokeh.

Calderón, Damaris (2017): *Entresijo.* Leiden: Bokeh.

Columbié, Ena (2019): *Piedra.* Leiden: Bokeh.

Conte, Rafael & Capmany, José M. (2018): *Guerra de razas. Negros contra blancos en Cuba.* Leiden: Bokeh, colección Mal de archivo.

Díaz de Villegas, Néstor (2015): *Buscar la lengua. Poesía reunida 1975-2015.* Leiden: Bokeh.

— (2015): *Cubano, demasiado cubano. Escritos de transvaloración cultural.* Leiden: Bokeh.

— (2017): *Sabbat Gigante. Libro primero: Hojas de Rábano*. Leiden: Bokeh.

— (2018): *Sabbat Gigante. Libro segundo: Saigón*. Leiden: Bokeh.

— (2018): *Sabbat Gigante. Libro Tercero: Rumpite Libro*. Leiden: Bokeh.

Díaz Mantilla, Daniel (2016): *El salvaje placer de explorar*. Leiden: Bokeh.

Fernández Fe, Gerardo (2015): *La falacia*. Leiden: Bokeh.

— (2015): *Notas al total*. Leiden: Bokeh.

Fernández Larrea, Abel (2015): *Buenos días, Sarajevo*. Leiden: Bokeh.

— (2015): *El fin de la inocencia*. Leiden: Bokeh.

Ferrer, Jorge (2016): *Minimal Bildung. Veintinueve escenas para una novela sobre la inercia y el olvido*. Leiden: Bokeh.

Gala, Marcial (2017): *Un extraño pájaro de ala azul*. Leiden: Bokeh.

Garbatzky, Irina (2016): *Casa en el agua*. Leiden: Bokeh.

García, Gelsys (2016): *La Revolución y sus perros*. Leiden: Bokeh.

García, Gelsys (ed.) (2017): *Anuncia Freud a María. Cartografía bíblica del teatro cubano*. Leiden: Bokeh.

García Obregón, Omar (2018): *Fronteras: ¿el azar infinito?* Leiden: Bokeh.

Garrandés, Alberto (2015): *Las nubes en el agua*. Leiden: Bokeh.

Gutiérrez Coto, Amauri (2017): *A las puertas de Esmirna*. Leiden: Bokeh.

Gómez Castellano, Irene (2015): *Natación*. Leiden: Bokeh.

Harding Davis, Richard (2018): *Notes of a War Correspondent*. Leiden: Bokeh, colección Mal de archivo.

Hernández Busto, Ernesto (2016): *La sombra en el espejo. Versiones japonesas*. Leiden: Bokeh.

— (2016): *Muda*. Leiden: Bokeh.

— (2017): *Inventario de saldos. Ensayos cubanos*. Leiden: Bokeh.

HONDAL, Ramón (2019): *Scratch*. Leiden: Bokeh.

HURTADO, Orestes (2016): *El placer y el sereno*. Leiden: Bokeh.

JESÚS, Pedro de (2017): *La vida apenas*. Leiden: Bokeh.

KOZER, José (2015): *Bajo este cien*. Leiden: Bokeh.

— (2015): *Principio de realidad*. Leiden: Bokeh.

LAGE, Jorge Enrique (2015): *Vultureffect*. Leiden: Bokeh.

LAMAR SCHWEYER, Alberto (2018): *Ensayos sobre poética y política. Edición y prólogo de Gerardo Muñoz*. Leiden: Bokeh, colección Mal de archivo.

LUKIĆ, Neva (2018): *Endless Endings*. Leiden: Bokeh.

MARQUÉS DE ARMAS, Pedro (2015): *Óbitos*. Leiden: Bokeh.

MIRANDA, Michael H. (2017): *Asilo en Brazos Valley*. Leiden: Bokeh.

MORALES, Osdany (2015): *El pasado es un pueblo solitario*. Leiden: Bokeh.

MOREJÓN ARNAIZ, Idalia (2018): *Una artista del hombre*. Leiden: Bokeh.

MÉNDEZ ALPÍZAR, L. Santiago (2016): *Punto negro*. Leiden: Bokeh.

PADILLA, Damián (2016): *Phana*. Leiden: Bokeh.

PEREIRA, Manuel (2015): *Insolación*. Leiden: Bokeh.

PONTE, Antonio José (2017): *Cuentos de todas partes del Imperio*. Leiden: Bokeh.

— (2018): *Contrabando de sombras*. Leiden: Bokeh.

PORTELA, Ena Lucía (2016): *El pájaro: pincel y tinta china*. Leiden: Bokeh.

— (2016): *La sombra del caminante*. Leiden: Bokeh.

PÉREZ CINO, Waldo (2015): *Aledaños de partida*. Leiden: Bokeh.

— (2015): *El amolador*. Leiden: Bokeh.

— (2015): *La isla y la tribu*. Leiden: Bokeh.

— (2018): *El puente sobre el río cuál*. Leiden: Bokeh.

QUINTERO HERENCIA, Juan Carlos (2016): *El cuerpo del milagro*. Leiden: Bokeh.

Rodríguez, Reina María (2016): *El piano*. Leiden: Bokeh.

— (2018): *Poemas de navidad*. Leiden: Bokeh.

Rodríguez Iglesias, Legna (2015): *Hilo + Hilo*. Leiden: Bokeh.

— (2015): *Las analfabetas*. Leiden: Bokeh.

Saunders, Rogelio (2016): *Crónica del decimotercero*. Leiden: Bokeh.

Starke, Úrsula (2016): *Prótesis. Escrituras 2007-2015*. Leiden: Bokeh.

Sánchez Mejías, Rolando (2016): *Mecánica celeste. Cálculo de lindes 1986-2015*. Leiden: Bokeh.

Timmer, Nanne (2018): *Logopedia*. Leiden: Bokeh.

Valdés Zamora, Armando (2017): *La siesta de los dioses*. Leiden: Bokeh.

Vega Serova, Anna Lidia (2018): *Anima fatua*. Leiden: Bokeh.

Villaverde, Fernando (2016): *La irresistible caída del muro de Berlín*. Leiden: Bokeh.

— (2016): *Los labios pintados de Diderot*. Leiden: Bokeh.

— (2018): *Todo empezó en detritus*. Leiden: Bokeh.

Winter, Enrique (2016): *Lengua de señas*. Leiden: Bokeh.

Wittner, Laura (2016): *Jueves, noche. Antología personal 1996-2016*. Leiden: Bokeh.

Zequeira, Rafael (2017): *El winchester de Durero*. Leiden: Bokeh.

www.ingramcontent.com/pod-product-compliance
Lightning Source LLC
Chambersburg PA
CBHW031806090426
42739CB00008B/1178